**NÃO
TROCARIA
MINHA
JORNADA
POR
NADA**

MAYA ANGELOU

NÃO TROCARIA MINHA JORNADA POR NADA

Tradução Julia Romeu
Prefácio Vilma Piedade

EDITORA
NOVA
FRONTEIRA

Título original: Wouldn't Take Nothing for My Journey Now
Copyright © 1993 by Maya Angelou

Todos os direitos reservados, incluindo o direito de reprodução total ou parcial, em quaisquer meios.
Esta edição foi publicada mediante acordo com a Random House, um selo e uma divisão da Penguin Random House LLC.

Direitos de edição da obra em língua portuguesa no Brasil adquiridos pela Editora Nova Fronteira Participações S.A. Todos os direitos reservados. Nenhuma parte desta obra pode ser apropriada e estocada em sistema de banco de dados ou processo similar, em qualquer forma ou meio, seja eletrônico, de fotocópia, gravação etc., sem a permissão do detentor do copirraite.

Editora Nova Fronteira Participações S.A.
Rua Candelária, 60 — 7º andar — Centro — 20091-020
Rio de Janeiro — RJ — Brasil
Tel.: (21) 3882-8200 — Fax: (21) 3882-8212/8313

Dados Internacionais de Catalogação na Publicação (CIP)

A584n

Angelou, Maya
   Não trocaria minha jornada por nada / Maya Angelou; traduzido por Julia Romeu; prefácio por Vilma Piedade. — Rio de Janeiro:
Nova Fronteira, 2023.

   Título original: *Would'n Take Nothing for my Journey Now*
   ISBN 978-65-5640-691-6

   1. Literatura americana — ensaios. I. Romeu, Julia. II. Título.

CDD: 810
CDU: 821.111(73)

André Queiroz – CRB-4/2242

Conheça outros livros da editora:

Este livro é dedicado a Oprah Winfrey com um amor imensurável.

Antes de todas essas coisas foi criada a Sabedoria,
a inteligência prudente existe desde sempre.
— Eclesiástico

Sumário

Prefácio 11
Agradecimentos 15
De todas as formas uma mulher 19
Passaportes para a compreensão 23
A doçura da caridade 25
Novas direções 29
Estilo 33
No Espírito 37
Alguém pode ser demais? 41
Qual é a graça? 43
A morte e o legado 45
Modelitos 47
Viver bem. Viver o bem. 53
Quando a virtude se torna redundante 59
O poder da palavra 61

Mais novas direções   65
Reclamar   69
Na hora da colheita   73
Encorajamento sensorial   75
Vozes do respeito   79
Aumentando os limites   83
A brutalidade definitivamente não é aceitável   91
Nossos rapazes   93
Ciúmes   99
Gravidez planejada   101
Um dia longe   103

Prefácio

Como disse Marguerite Ann Johnson, nome de batismo de Maya Angelou: "Se for para viver, deixe um legado. Faça uma marca no mundo que não pode ser apagada." Ela própria nos legou 86 anos que jamais serão apagados!

Em *Carta a minha filha*, lançado em 2008 nos Estados Unidos e em 2010 no Brasil pela Editora Nova Fronteira, com nova edição em 2019, aprendemos que somos todas filhas dessa grandiosa Mulher, que estamos aqui para dar continuidade à sua luta!

Mulher Plural! Múltipla! Ativista Política que lutou ao lado de Martin Luther King e Malcom X pelos Direitos Civis e pela emancipação da comunidade Negra dos Estados Unidos, dos Afro-americanos. Ao lado de Negros e Negras, ergueu a Voz contra o Racismo, contra a Opressão.

Contudo, mesmo ao tratar de termos tão dolorosos e profundos, sua escrita é leve. Poeta, escritora, roteirista, atriz, apresentadora de série na TV norte-americana, dançarina, cantora, ativista pela causa da Negritude durante décadas de Glória — além de muitas outras facetas —, Maya tece sua escrita imprimindo sabedoria, amor, amabilidade, comunhão, fé, e ainda compartilha testemunhos autobiográficos com franca generosidade.

Agora, em 2023, a Editora Nova Fronteira mais uma vez nos presenteia com Maya Angelou no Livro *Não trocaria minha jornada por nada*, dividido em 24 tópicos que interagem entre si, ou não, como diz Caetano Veloso. Porém, todos têm o mesmo fio condutor, que Maya expressou tão bem no seu Poema máximo, "Ainda assim eu me levanto", que se inicia assim:

> "Você pode me riscar da História
> Com mentiras lançadas ao ar.
> Pode me jogar contra o chão de terra,
> Mas ainda assim, como a poeira, eu vou me levantar."

Como dar continuidade a essa Jornada de quase nove décadas de luta contra o silenciamento histórico e as violências da opressão, pais diletos do racismo?

Nos levantando, apesar do apagamento sistêmico estruturante e estrutural dos nossos saberes, história, vivências. Junto com Maya Angelou, todas as Mulheres Negras se levantaram e continuam de pé.

A solidão da Mulher Negra é abordada de forma talvez não esperada pelo leitor, em um relato autobiográfico compartilhado sem reservas e com absoluta franqueza em "Aumentando os limites". As memórias de família, a Mamma (sua avó), sua mãe, tia, filho, estão o tempo todo dialogando conosco, assim como a memória ancestral e a diversidade religiosa (na verdade, a diversidade em todas as suas formas) se fazem presentes, e são celebradas no Livro.

A questão de gênero, o ser Mulher, recebe uma abordagem contundente da autora. Ela declara: "Ser mulher dá muito trabalho. (...) é um trabalho implacável, infinito." E nos alerta para não aceitarmos rótulos à primeira vista enaltecedores como "supermãe" e "supermulher", elogios que muitas vezes fazem parte do arcabouço de manipulações do machismo que nos mantém oprimidas por um ideal de perfeição.

Maya destaca também a importância de viajar para se conhecer outras culturas e entrar em contato com o Outro. De maneira ao mesmo tempo poética e espiritual, discorre sobre o Novo Testamento e as Tradições Africanas: "o espírito está em tudo que está vivo e Deus é um só", ressalta.

Não tem como apagar a Jornada talentosa dessa Mulher Referência. Maya Angelou é a primeira Mulher Negra a estampar uma moeda de dólar. Furou a bolha da invisibilidade, do silenciamento, com seus múltiplos talentos, ativismo, generosidade. Agora, é ler o Livro e agradecer a essa Mulher Negra Potência, que, depois de partir definitivamente da Terra, é hoje nossa Ancestral e nos ensinou de uma vez por todas que

"viver não é a mesma coisa de construir uma vida..."

Vilma Piedade

Escritora. Palestrante. Professora. Tem Graduação em Letras pela UFRJ e Pós-graduação em Ciência da Literatura também pela UFRJ. Autora do Livro Conceito *Dororidade*, lançado em 2017 pela editora NÓS/SP. Em 2020, *Dororidade* foi traduzido em Espanhol e lançado na Argentina pelo Editorial Mandacaru. Em 2021, junto com a Escritora e Desembargadora Andréa Pachá, foi lançado o Livro *Sobre Feminismos*, pela Editora Agir. Vilma tem vários artigos publicados em Revistas de grande circulação, Jornais e Sites. Atualmente, tem se dedicado à escrita e ministrado cursos sobre Feminismos. Racismo. Branquitude: Opressão e Privilégios.

Agradecimentos

Meu obrigada a Susan Taylor, editora-chefe da revista *Essence*, e Marcia Gillespie, editora-chefe da revista *Ms.*, que me persuadiram em relação a algumas lições sobre a vida, que eu aprendi ao longo de muitos anos, e que seriam úteis se fossem publicadas em um artigo de revista.

Meu amor carinhoso para Rosa Johnson, "A Rosa Negra". Meu amor carinhoso para Araba Budu-Arthur Bernasco.

Não trocaria minha jornada por nada[1]

---

[1] No original "Wouldn't Take Nothing for My Journey Now", verso da música "On My Journey Now: Mount Zion" [Na minha jornada agora: Monte Sião], um *spiritual*, um tipo de canção entoada por escravizados negros nos Estados Unidos, hoje associadas a igrejas cristãs afro-americanas em geral, portanto, de cunho religioso. (N. T.)

De todas as formas uma mulher

Na minha juventude, eu me orgulhava de a sorte ser associada a uma dama. Na verdade, havia tão poucos reconhecimentos públicos da presença feminina que me sentia pessoalmente honrada sempre que se usava o pronome feminino para falar da natureza e de grandes embarcações.[1] Mas, conforme fui amadurecendo, comecei a me ressentir do fato de ser considerada irmã de um ser mutante e tão volúvel quanto a sorte, tão indiferente quanto um oceano, tão frívolo quanto a natureza.

---

[1] Em inglês, em geral usa-se o pronome "it" para fazer referência a objetos, mas os grandes navios e a natureza às vezes são chamados pelo pronome feminino "she". (N. T.)

A expressão "Uma mulher sempre tem o direito de mudar de ideia" ajudava a construir a imagem negativa das mulheres de maneira tão eficiente que eu me tornei uma vítima de uma resolução inflexível. Mesmo se fizesse uma escolha vazia ou estúpida, seguia com ela em vez de "fazer como uma mulher e mudar de ideia".

Ser mulher dá muito trabalho. Há suas alegrias e até seus êxtases, mas ainda assim é um trabalho implacável e infinito. Tornar-se uma fêmea velha talvez só exija nascer com uma determinada genitália, herdar genes longevos e ter a sorte de não ser atropelada por um caminhão descontrolado, mas, para tornar-se e permanecer uma mulher, é preciso ter genialidade e fazer uso dela.

A mulher que sobrevive intacta e feliz precisa ser, a um só tempo, tenra e resistente. Precisa ter se convencido, ou estar em meio ao processo infindável de se convencer, de que ela, seus valores e suas escolhas são importantes. Em um tempo e um mundo onde os homens têm domínio e controle, a pressão sobre as mulheres para abrir mão de seus direitos de passagem é tremenda. E é exatamente nessas circunstâncias que a tenacidade de uma mulher deve ficar em evidência.

Ela deve resistir à ideia de se considerar uma versão menos importante de seu equivalente masculino. Não é uma escultora, poeta, autora, judia, negra ou mesmo (uma palavra agora rara) o termo acadêmico reitora.[1] Se ela é a coisa, então, para seu próprio senso de identidade e para educar os mal-informados, deve insistir, com retidão, em ser a coisa e ser chamada pelo nome da coisa.

Uma rosa com qualquer outro nome teria o mesmo perfume, mas uma mulher chamada de algo que diminui seu valor só será enfraquecida pelo uso do termo impróprio.

Ela terá de prezar sua ternura e ser capaz de demonstrá-la em momentos apropriados para impedir que sua tenacidade ganhe total autoridade e para evitar se tornar um espelho dos homens que colocam o poder acima da vida e o controle acima do amor.

É imperativo que uma mulher mantenha seu senso de humor intacto e alerta. Ela precisa ver, mesmo que apenas em segredo, que é a mulher mais engraçada e louca de seu mundo, um mundo que também precisa ver como o mais absurdo de todos os tempos.

Já foi dito que o riso é terapêutico e que a amabilidade prolonga a vida.

As mulheres devem ser resistentes e tenras, rir o máximo possível e levar vidas longas. A luta pela igualdade segue com o mesmo vigor, e a mulher guerreira munida de espirituosidade e coragem estará entre as primeiras a celebrar a vitória.

---

[1] No original: "She is not a sculptress, poetess, authoress, Jewess, Negress or even (now rare) in university parlance a rectoress." Em inglês, a forma feminina das palavras poet, author, Jew, Negro e rector não é comum, sendo possível usar o mesmo substantivo para se referir a ambos os gêneros. (N. T.)

Passaportes para a compreensão

Os seres humanos são mais parecidos do que diferentes e algo que é verdadeiro em um lugar será verdadeiro em qualquer lugar. No entanto, eu encorajo todos a viajar para o máximo de lugares possível para que se eduquem, e não apenas por prazer.

É necessário, principalmente para os norte-americanos, ver outras terras e vivenciar outras culturas. O norte-americano, que vive neste vasto país e pode atravessar quatro mil e quinhentos quilômetros de leste a oeste falando o mesmo idioma, precisa ouvir os idiomas que coexistem na Europa, na África e na Ásia.

Uma turista, olhando as mercadorias de uma loja em Paris, comendo em um *ristorante* italiano ou vagando por uma rua de Hong Kong, irá se deparar com três ou quatro idiomas conforme tenta comprar uma blusa, pagar uma conta ou escolher uma bugiganga. Não quero dizer que apenas escutar uma língua estrangeira ajudará alguém a compreendê-la. Mas sei que ser exposta à existência de outros idiomas aumenta a percepção de que o mundo é povoado por pessoas que não apenas falam de maneira diferente, mas cujas culturas e filosofias não são as mesmas que as suas.

Talvez as viagens não possam impedir a intolerância, mas, ao demonstrar que todas as pessoas choram, riem, comem, se preocupam e morrem, podem introduzir a ideia de que, se nós tentarmos compreender uns aos outros, é possível que nos tornemos amigos.

A doçura da caridade

O Novo Testamento informa o leitor de que há mais bênçãos em dar do que em receber. Descobri na minha vivência que, entre outros benefícios, dar liberta a alma do doador. O tamanho e a substância daquilo que for doado deve ser importante para quem recebe, mas não para quem dá, a não ser pelo fato de que a melhor coisa que se pode dar é o que é valorizado. Quem dá fica tão enriquecido quanto quem recebe, e o mais importante é que o gesto aumenta aquela força sobrenatural da bondade no mundo, que é intangível, mas muito real.

Quando lançamos nosso pão sobre as águas, podemos presumir que, rio abaixo, alguém cujo rosto jamais veremos se beneficiará da nossa ação, assim como nós, que estamos rio abaixo em relação a outro, seremos favorecidos por aquilo que for doado.

Já que o tempo é o único objeto imaterial sobre o qual não temos influência — que não podemos acelerar, nem desacelerar, nem aumentar, nem diminuir —, ele é uma dádiva de valor imponderável. Todos nós temos alguns minutos por dia ou algumas horas por semana que podemos doar para um asilo ou para a ala pediátrica de um hospital. Quer os idosos cujos travesseiros afofamos ou cujas jarras de água enchemos nos agradeçam ou não, aquilo que foi doado mantém de pé os alicerces do universo. Quer as crianças para quem lemos historinhas fáceis demonstrem gratidão ou não, cada dádiva nossa reforça os pilares do mundo.

Aquilo que vamos doar e quem irá receber deve ser objeto de reflexão, mas a nossa generosidade, uma vez que for decidida, deve ser despreocupada, transbordando num minuto e então sendo esquecida no minuto seguinte.

Recentemente, me pediram para fazer um discurso diante de um grupo de filantropos, e eu fiquei atônita com a timidez deles. Os benfeitores ali reunidos doam dezenas de milhões de dólares anualmente para pesquisas médicas, desenvolvimento educacional, apoio às artes e reforma social. No entanto, pareciam um pouco — só um pouco — encabulados. Ponderei sobre aquele comportamento e me dei conta de que alguém disse para alguém que não apenas era degradante aceitar caridade, como era igualmente humilhante fazê-la. E, é triste dizer, alguém acreditara nessa afirmação. Portanto, muitos preferem divulgar que fazem filantropia, não caridade.

Gosto de pessoas caridosas e gosto de me considerar caridosa, de achar que tenho um coração benevolente e uma natureza generosa — que sou, com efeito, amiga de qualquer pessoa necessitada. Por que, ponderei, aqueles benfeitores não se sentiam como eu?

Alguns benfeitores podem querer se distanciar daqueles que recebem sua generosidade porque existe uma separação entre si próprios e os recursos que distribuem. Como são herdeiros ou pessoas que cuidam de fortunas, e não quem ganhou diretamente o dinheiro, talvez se sintam isolados do que têm para doar e, por conseguinte, se sentem isolados de quem recebe.

É triste quando pessoas que doam para quem necessita se sintam afastadas dos objetos de sua generosidade. Elas conseguem sentir pouca, ou nenhuma, satisfação com seus gestos de caridade. Portanto, são generosas por dever, não alegria.

Se mudarmos a maneira como encaramos a caridade, nossas vidas pessoais serão mais ricas e o mundo, de maneira geral, irá melhorar. Quando doamos com felicidade e recebemos com gratidão, todos são abençoados. "A caridade é prestativa, não é invejosa, não se ostenta, não se incha de orgulho."

Novas direções

Em 1903, Annie Johnson, do Arkansas, viu-se com dois filhos pequenos, pouquíssimo dinheiro e uma escassa capacidade de ler e somar números inteiros. A isso, acrescente-se um casamento desastroso e o oneroso fato de que a sra. Johnson era negra.

Quando ela disse ao marido, William Johnson, que estava insatisfeita com o casamento, ele admitiu que também o achara menos interessante do que imaginara e que, secretamente, vinha nutrindo a esperança de ir embora para estudar religião. Acrescentou que achava que Deus estava lhe chamando não apenas para pregar, mas para fazê-lo na cidade de Enid, em Oklahoma. Não contou a Annie que conhecia um pastor em Enid com quem podia estudar, e que esse pastor tinha uma filha solteira e amável. Foi uma separação amistosa, após a qual Annie ficou com a casa de um cômodo e William, com a maior parte do dinheiro, que usou para viajar até Oklahoma.

Annie, que tinha mais de 1,80 metro e era corpulenta, decidiu que não ia trabalhar como doméstica e deixar seus "bebês preciosos" aos cuidados de outra pessoa. Não havia a possibilidade de ser contratada na algodoaria ou na serraria, mas talvez houvesse um modo de fazer as duas fábricas trabalharem para ela. Em suas palavras: "Eu olhei a estrada adiante e olhei para trás e, como não fiquei satisfeita, decidi sair da estrada e abrir um caminho novo." Annie refletiu que não era uma grande cozinheira, mas que sabia "misturar o que comprava na venda bem o suficiente para espantar a fome de um homem".

Ela arquitetou seus planos minuciosamente e em segredo. Certo dia, de noitinha, para conferir se estava pronta, colocou pedras em dois baldes de vinte litros e carregou-os por cinco quilômetros até a algodoaria. Descansou um pouco e então, descartando algumas pedras, andou no escuro até a serraria, um trajeto de mais oito quilômetros pela estrada de terra. Ao voltar para sua casinha e seus bebês, foi jogando as pedras que restavam pelo caminho.

Naquela mesma noite, trabalhou até de manhã cedo cozinhando galinha e fritando presunto. Fez massa, abriu com o rolo e recheou de carne. Por fim, foi dormir.

Na manhã seguinte, saiu de casa levando as tortas de carne, banha, um braseiro de ferro e carvão para fazer fogo. Logo antes do almoço, apareceu num terreno baldio atrás da algodoaria. Quando tocou a sineta do meio-dia, fritou as tortas salgadas na banha fervendo e o aroma se espalhou e flutuou até os trabalhadores que estavam saindo da algodoaria, cobertos de fiapos brancos, parecendo fantasmas.

A maioria dos trabalhadores tinha levado feijão carioca e bolinhos ou biscoitos, cebolas e latas de sardinha para comer de almoço, mas ficaram tentados pelas tortas fritas e quentes que Annie ia tirando da banha com a escumadeira. Ela as enrolou em jornais que sugavam a gordura e ofereceu-as por cinco centavos cada. Embora tenha feito poucas vendas durante aqueles primeiros dias, estava determinada. Revezava suas idas às fábricas durante as duas horas em que havia atividade.

Assim, se na segunda-feira oferecia tortas recém-fritas e quentes na algodoaria e vendia as tortas frias que haviam sobrado na serraria por três centavos cada, então, na terça-feira, ia primeiro à serraria apresentar tortas fresquinhas para os homens cobertos de serragem que saíam da fábrica.

Ao longo dos anos seguintes, ao meio-dia, nos dias mornos de primavera, nos dias abrasadores de verão, e nos dias frios e chuvosos de inverno, Annie jamais decepcionou seus clientes, que podiam contar que iam ver aquela mulher alta de pele negra debruçada sobre o braseiro, virando com cuidado as tortas de carne. Quando teve certeza de que os trabalhadores estavam dependentes dela, Annie construiu uma barraquinha entre aqueles dois polos industriais e deixou que os homens fossem até lá para obter as provisões para o almoço.

Annie, de fato, saíra da estrada que parecia ter sido escolhida para ela e abriu um novo caminho. Após alguns anos, aquela barraquinha se tornou uma loja onde os clientes podiam comprar queijo, farinha de milho, xarope, biscoitos, balas, lousas, picles, alimentos enlatados, frutas frescas, refrigerantes, carvão, óleo e solas de couro para sapatos gastos.

Cada um de nós tem o direito e a responsabilidade de avaliar as estradas adiante e aquelas que já percorremos e, se a estrada adiante parece agourenta ou pouco promissora, e aquela que já percorremos não parece convidativa, então, devemos nos munir de forças e, levando apenas a bagagem necessária, partir em outra direção. Se a nova escolha tampouco for palatável, devemos estar prontos para, sem sentir vergonha, abandoná-la também.

Estilo

O conteúdo tem grande importância, mas não podemos subestimar o valor do estilo. Ou seja, é preciso prestar atenção não apenas no que é dito, mas em como é dito; não apenas no que se veste, mas em como se veste. Na verdade, nós todos devemos ter consciência de tudo o que fazemos, e de como fazemos tudo o que fazemos.

Os modos e o respeito pelo estilo podem ser desenvolvidos por alguém que tiver força de vontade e um professor talentoso. Por outro lado, qualquer pessoa observadora pode obter os mesmos resultados sem a ajuda de um tutor, se simplesmente prestar atenção à marcha contínua da humanidade.

Nunca tente fingir que os modos de outra pessoa pertencem a você, pois o roubo será imediatamente óbvio e o ladrão parecerá tão ridículo quanto um rouxinol com penas de pavão grudadas às pressas. O estilo é tão único, não transferível e inteiramente pessoal quanto uma digital. É bom reservar tempo para desenvolver nossa própria maneira de ser, aumentando as coisas que fazemos bem e eliminando os elementos do nosso caráter que podem atrapalhar ou diminuir uma boa personalidade.

Qualquer pessoa que tenha charme e alguma autoconfiança pode circular por sociedades que vão das mais privilegiadas às mais necessitadas, e frequentá-las. O estilo permite que a pessoa não pareça nem inferior nas primeiras, nem superior nas últimas. As boas maneiras e a tolerância, que são as mais nobres manifestações do estilo, podem, muitas vezes, transformar o desastre em boa sorte. Muitas pessoas proferem insultos ou comentários depreciativos sem ponderar, mas uma pessoa sábia ou estilosa espera para considerar o lado positivo, além do negativo, de qualquer situação. Uma resposta judiciosa a uma galhofa pode desarmar a pessoa mal-educada, tirando dela o poder de machucar.

Esta não é mais uma advertência para darmos a outra face, embora eu ache que isso pode ser uma medida eficaz em certas ocasiões. Na verdade, a intenção é nos encorajar a encarar situações adversas com a intenção de controlá-las e o estilo para fazê-lo. O resultado de uma altercação com um brutamontes, em geral, não é nada mais conclusivo do que um sistema nervoso estimulado e um incômodo no trato digestivo.

No Espírito

O Espírito é uma força invisível que é tornada visível em tudo onde há vida. Em muitas religiões africanas existe uma crença de que todas as coisas possuem espíritos que devem ser apaziguados e para quem se pode apelar. Assim, por exemplo, quando um mestre do tambor está se preparando para esculpir um instrumento novo, ele se aproxima da árvore selecionada e conversa com o espírito que reside ali. Em sua prece, descreve a si, a sua experiência e a sua competência; e então, explica seu intuito. Garante ao espírito que sempre será grato pela dádiva da árvore e que usará o tambor apenas para propósitos honrados.

Eu acredito que o Espírito é um só e está presente em tudo. Que ele nunca me deixa. Que eu, na minha ignorância, posso me afastar dele, mas também sou capaz de tornar sua presença real no instante em que recobrar meu bom senso.

Essa crença em um poder mais vasto do que eu e que existe fora de mim me permite me aventurar no desconhecido e até no incognoscível. Não consigo separar o que concebo como o Espírito do meu conceito de Deus. Assim, acredito que Deus é o Espírito.

Ao mesmo tempo que sei que fui criada por Deus, também tenho a obrigação de me dar conta e de me lembrar que todas as outras pessoas e coisas também foram. Isso é difícil quando penso na pessoa cruel, no agressor e no intolerante. Gostaria de acreditar que as pessoas de alma má foram criadas por outra força e estão sob a égide e orientação de algo que não é o meu Deus. Mas, como acredito que Deus criou todas as coisas, não apenas devo lembrar que o opressor é filho de Deus, como tenho a obrigação de tratá-lo como tal.

Minha fé é testada muitas vezes todos os dias e, mais vezes do que gostaria de confessar, sou incapaz de manter o estandarte da fé erguido. Se uma promessa não é cumprida, ou se um segredo é violado, ou se eu vivencio uma dor longeva, começo a duvidar de Deus e de seu amor. Caio tão miseravelmente no abismo da ausência de crença que grito de desespero. Então, o Espírito me ergue de novo e, mais uma vez, fico segura na minha fé. Não sei como isso acontece, só sei que, quando meu grito é sincero, recebo uma resposta imediata e retorno para a plenitude da fé. Volto a ser tomada pelo Espírito e a ter os pés plantados na terra firme.

Alguém pode ser demais?

Existem alguns engraçadinhos equivocados que acham que estão fazendo um elogio quando afirmam que uma mulher é "demais". É admirável e desejável ser o bastante, mas apenas masoquistas desejam ser "demais". Ser isso, declarar que se é isso, ou aceitar esse status permite que outros empilhem responsabilidades sobre as costas da mulher que é "demais", e que, naturalmente, também é descrita como "super". "Supermulher" e "Mãezona".

O louvador, pois é isso que quem fala pretende ser, revela ser um manipulador que espera cair nas graças da "Mãezona", para que ela carregue seus fardos e endireite seu jeito torto de ser.

Quando alguém chamar a atenção do bajulador, ele vai negar na mesma hora qualquer intenção maliciosa e, magoado, afirmar: "Eu falei 'demais' para demonstrar apreço. Não sei como você pôde entender errado. Você deve ser paranoica."

Sim, sou. Um certo nível de paranoia é essencial nos oprimidos ou em qualquer alvo provável dos opressores. Nós devemos permanecer vigilantes e tomar muito cuidado com a maneira como permitimos que se dirijam a nós.

Com muita facilidade, podemos nos tornar aquilo do que somos chamados, com todas as responsabilidades desagradáveis que acompanham o título.

Qual é a graça?

Alguns comediantes tentaram transformar sua grosseria em arte, mas, com essa rudeza pública, apenas revelaram um imenso senso de inferioridade pessoal. Quando eles jogam lama sobre si mesmos e permitem que vulgaridades lhes saiam pela boca, expõem a crença de que não são dignos de amor e que são, com efeito, impossíveis de amar. Quando nós, enquanto plateia, aplaudimos sua indecência, não somos muito diferentes dos romanos no Coliseu, vendo uma batalha entre cristãos desarmados e leões furiosos. Nós não apenas participamos da humilhação dos comediantes, como também nos degradamos ao tomar parte em seu despudor.

Temos de ter a coragem de dizer que a obesidade não é engraçada, que a vulgaridade não é divertida, que crianças insolentes e pais submissos não são os personagens que desejamos admirar e imitar. A leviandade e o sarcasmo não são as únicas maneiras de manter uma conversa.

Se o rei está nu em pelo e parado na minha sala de estar, nada deveria me impedir de dizer que ele não está usando roupas, que não está pronto para se misturar com o público.

Ou que, pelo menos, não vai se esparramar no meu sofá e comer meu mix de castanhas.

A morte e o legado

Quando penso na morte, e ultimamente a ideia tem surgido com uma frequência alarmante, pareço estar em paz com a noção de que haverá um dia em que não estarei mais entre os vivos, aqui neste vale de estranhos humores. Consigo aceitar a ideia do meu próprio fim, mas sou incapaz de aceitar a morte de qualquer outra pessoa. Acho impossível permitir que um amigo ou parente parta para aquela terra de onde não se volta. A descrença se torna minha companheira próxima e, depois dela, surge a raiva.

Eu respondo à pergunta heroica, "Morte, onde está teu aguilhão?", com "Está aqui no meu coração, na minha mente e nas minhas lembranças".

Sou assediada por um assombro doloroso diante do vazio deixado pelos mortos. Para onde ela foi? Onde está agora?

Será que eles estão, como disse o poeta James Weldon Johnson, "descansando no seio de Jesus"? Se isso for verdade, e quanto aos meus amores judeus, meus afetos japoneses, meus queridos muçulmanos? Em que seio eles se aninharam? E sempre há, à espreita, a dúvida de que eu, até mesmo eu, serei envolvida pelos gentis braços do Senhor. Começo a suspeitar que apenas com essa garantia abençoada serei capaz de permitir que a morte cumpra o seu dever.

Consigo sair do labirinto de perguntas apenas quando aceito que não sou obrigada a saber tudo. Em um mundo onde muitos procuram desesperadamente conhecer todas as respostas, não é muito popular acreditar, e então afirmar, que eu não preciso saber todas as coisas. Tento me lembrar que é suficiente saber o que sei, e saber disso sem acreditar que sempre saberei o que sei, ou que o que sei sempre será verdadeiro.

Além disso, quando sinto que a raiva está me tomando diante da ausência de um ser amada, tento, assim que possível, lembrar que minhas preocupações e perguntas, meus esforços e minhas respostas, devem estar focados no que eu aprendi, ou no que posso aprender, desse amor que partiu. Qual legado foi deixado que poderá me ajudar na arte de viver uma boa vida?

Se eu colocar em prática os legados dos meus amores antigos, tenho a certeza de que a morte vai se levar, e me levar também.

Modelitos

Eu era uma mãe solo de 21 anos com o filho no jardim de infância. Com dois empregos, conseguia pagar por um apartamento, comida e a escola do meu filho. Sobrava pouco dinheiro para roupas, mas eu nos mantinha bem-vestidos graças a achados comprados no Exército da Salvação e em algumas lojas que vendiam peças de segunda mão. Como amava cores, comprava para mim lindos tons de vermelho, laranja, verde, cor-de-rosa, azul e turquesa. Escolhia vestidos, blusas e suéteres na cor ciano. E, com frequência, usava-os em combinações que causavam surpresa, para dizer o mínimo, aos olhos de pessoas que não podiam deixar de me notar. Para a falar a verdade, eu criava o que as mulheres negras do sul dos Estados Unidos costumavam chamar de *getups*, ou modelitos.

Como fazia muita questão que meu filho não se sentisse negligenciado ou diferente, ia com frequência à escola dele. Às vezes, em um intervalo entre um emprego e outro, eu só ficava parada na cerca que contornava o parquinho da escola. E fico feliz em dizer que ele sempre vinha falar comigo, naqueles trajes coloridos. Eu sempre usava colares de contas. Muitos colares de contas. Quanto mais baratos eles fossem, mais eu comprava. E, às vezes, usava lenços na cabeça.

Quando meu filho tinha seis anos e eu 22, ele me disse, num tom muito solene, que precisava conversar comigo. Nós dois nos sentamos diante da mesa da cozinha e ele perguntou, com os olhos de um velho e a voz de um menino:

— Mãe, você tem um casaco que combina?

A princípio, fiquei intrigada. Respondi "Não" e depois entendi que ele estava se referindo àqueles conjuntos de blusa e cardigã da mesma cor que eram populares entre as mulheres brancas. E disse "Não tenho, não", talvez um pouco ofendida. Meu filho disse:

— Ah, eu queria que tivesse. Aí, você ia poder usar para ir me ver na escola.

Achei engraçado, mas felizmente não ri, pois ele continuou:

— Mãe, você pode, por favor, só ir à escola quando te chamarem?

Então eu me dei conta de que as minhas roupas, que alegravam o meu coração e, sem dúvida, ativavam minha criatividade, eram um constrangimento para o meu filho.

Quando as pessoas são jovens, elas precisam desesperadamente se encaixar, e ninguém consegue constranger um jovem em público quanto um adulto de quem esse jovem é parente. Qualquer gesto não convencional ou o fato de se estar usando um modelito pode fazer um jovem arder de constrangimento.

Aprendi a ser um pouco mais discreta para evitar causar qualquer transtorno ao meu filho. Conforme ele foi ficando mais velho e mais autoconfiante, eu gradualmente fui voltando para aquilo que meus amigos consideravam minha maneira excêntrica de me vestir. Eu era mais feliz quando escolhia e criava minha própria moda.

Passei a vida inteira neste corpo e conheço-o muito melhor do que qualquer estilista. Acho que sei o que me cai bem por fora, e decerto sei o que me cai bem por dentro.

Compreendo o quanto de criatividade é empregada na criação de tecidos e de roupas e, quando algo combina com o meu corpo e com a minha personalidade, corro até a peça, compro-a depressa e uso-a com frequência. Mas não posso mentir para mim mesma em nome da moda. Só estou disposta a comprar os itens que ficam bem em mim e vestir aquilo que aprimora minha imagem de mim mesma para mim mesma.

Se estou confortável comigo mesma, tenho a habilidade de tornar as outras pessoas confortáveis consigo mesmas, embora os sentimentos delas não sejam o principal motivo das minhas escolhas em termos de moda. Se me sinto bem comigo mesma e com as minhas roupas, me sinto livre para permitir ao meu corpo o seu movimento, a sua elegância natural, os seus gestos naturais. Então, fico tão confortável que qualquer coisa que eu usar me cai bem, até mesmo para quem julga de fora.

É importante falar de roupas porque muitas pessoas são prisioneiras de preceitos dominantes sobre o que é certo e adequado vestir. Essas decisões, tomadas por outros e, às vezes, para conveniência deles próprios, não têm o verdadeiro propósito de tornar a vida melhor, mais bonita, mais elegante ou mais cheia de graça. Com frequência, têm sua origem na ganância, na insensibilidade e na necessidade de controle.

Eu já estive na companhia — não por muito tempo, decerto — de vendedores de bom gosto que olharam para um homem ou uma mulher que estava entrando no recinto e disseram, com desprezo: "Aquele casaco é do ano passado." Abandono essas companhias o mais depressa possível, mas não sem antes deixar registrado que essa arrogância não tem nada a ver com a beleza ou eficácia da peça de roupa, mas que dá a quem fala um senso momentâneo de superioridade, às custas de outra pessoa, é lógico.

Busque a moda que realmente lhe assenta e que lhe representa bem. Você sempre vai estar na moda se for verdadeiro consigo mesmo, e apenas se for verdadeiro consigo mesmo. Você pode, de fato, estar certo em usar o estilo estampado nas páginas das revistas de moda do dia, ou não.

A afirmação "o hábito faz o monge" deve ser olhada, reexaminada e, na verdade, reavaliada. Roupas podem fazer com que um homem ou uma mulher pareçam bobos e frívolos. Tente, ao contrário, ser tão você mesmo que as roupas que escolhe vão aumentar sua naturalidade e elegância.

Viver bem. Viver o bem.

A tia Tee era uma familiar não muito próxima nossa que vivia em Los Angeles. Quando eu a conheci, ela estava com 79 anos e era rija, forte e com a pele da cor de limões velhos. Prendia os cabelos ásperos e lisos, onde havia alguns fios brancos, em uma trança longa e grossa que passava pelo alto da cabeça. Com suas maçãs do rosto altas, pele com aspecto de ouro antigo e olhos amendoados, a tia Tee parecia mais um cacique indígena do que uma senhora negra (ela descrevia a si própria e a qualquer membro de sua raça de quem gostava como negros. A palavra *preto* era reservada para qualquer um que houvesse causado sua desaprovação).

Ela havia se aposentado e vivia sozinha em um apartamento térreo bem-arrumado e sem vida. Flores de cera e estatuetas de porcelana ficavam sobre paninhos de mesa que tinham bordados elaborados e eram muito engomados. Os sofás e as poltronas tinham estofados bem esticados. A única coisa que parecia à vontade no apartamento da tia Tee era ela própria.

Eu costumava visitá-la com frequência e ficar empertigada em seu sofá desconfortável só para ouvir suas histórias. Ela sentia orgulho de, após ter trabalhado ao longo de trinta anos como empregada, ter passado mais trinta anos como governanta que morava no trabalho, levando consigo as chaves de casas opulentas e anotando meticulosamente as despesas.

— Quando a gente mora no trabalho, os brancos aprendem que os negros são tão arrumados e limpos quanto eles, às vezes mais. E a empregada negra tem a oportunidade de ver que os brancos não são mais espertos que os negros. Só têm mais sorte. Às vezes.

A tia Tee me contou que, certa vez, fora governanta de um casal de Bel Air, na Califórnia, e morou com eles em uma casa de um andar com catorze cômodos. Além dela, havia uma empregada que não dormia na casa para fazer a faxina e um jardineiro para cuidar dos luxuriantes jardins. A tia Tee supervisionava os funcionários. Quando começou no trabalho, ela fazia e servia um café da manhã leve, um bom almoço e um jantar com três ou quatro pratos para seus patrões e os convidados deles. A tia Tee contou que viu seus patrões ficarem mais velhos e mais magros.

Após alguns anos, eles pararam de oferecer jantares e faziam a refeição mal conseguindo ver um ao outro à mesa. Acabaram num silêncio ressequido, jantando ovos mexidos moles, torradinhas e chá fraco. A tia Tee disse que percebeu que eles envelheciam, mas que não se via envelhecendo também.

Ela se tornou uma sensação social. Começou a "ter um flerte" (expressão dela) com um chofer de uma casa rua abaixo. Sua melhor amiga e o marido desta trabalhavam como empregados a apenas alguns quarteirões dali.

Nos sábados, a tia Tee fazia pé de porco, couve, frango frito, salada de batata e bolo de banana. Então, naquela noite, seus amigos — o chofer e a outra governanta com o marido — iam até os espaçosos aposentos da tia Tee. Lá, os quatro comiam e bebiam, colocavam discos para tocar e dançavam. Mais para o final da noite, se sentavam para jogar uma partida séria de *bid whist*.[1]

Naturalmente durante esses festejos contavam-se piadas, estalavam-se os dedos, batiam-se os pés e ria-se muito.

A tia Tee contou algo que passou a ocorrer durante todas as festas de sábado que deu um susto nela e em seus amigos na primeira vez em que aconteceu. Eles estavam jogando cartas e a tia Tee, que tinha acabado de levar a mão, estava com a mão cheia de trunfos. Ela sentiu uma brisa fria nas costas, empertigou-se e se virou.

---

[1] Jogo de cartas similar ao bridge. (N. T.)

Os patrões tinham aberto um pouco a porta e estavam chamando-a com um gesto. A tia Tee, um pouco irritada, deixou as cartas sobre a mesa e foi até a porta. O casal deu alguns passos atrás e pediu que ela fosse até o saguão; e, lá, disseram algo que ganhou para sempre a compaixão da tia Tee.

— Theresa, nós não queríamos incomodar — sussurrou o homem —, mas vocês pareciam estar se divertindo tanto...

A mulher acrescentou:

— Nós ouvimos você e os seus amigos rindo todo sábado à noite e gostaríamos de observar, só isso. Não queremos incomodar. Vamos ficar quietinhos, só olhando.

O homem disse:

— Se você deixar a porta um pouco aberta, seus amigos não precisam saber. Nós não vamos fazer barulho algum.

A tia Tee disse que não viu problema algum em concordar e que discutiu o assunto com os convidados. Eles disseram que não havia problema, e acharam triste os patrões serem donos daquela bela casa, com piscina, três carros e incontáveis palmeiras e não se sentirem felizes. A tia Tee me contou que o riso e a tranquilidade tinham deixado aquela casa; era mesmo triste.

Durante trinta anos, eu nunca me esqueci disso, e, quando uma história permanece vívida na minha memória, ela quase sempre tem uma lição que vai me beneficiar.

Meus queridos, eu pinto a imagem do casal abastado de pé no corredor escuro, espiando a sala iluminada onde os empregados negros estão erguendo vozes cheias de júbilo e amizade, e me dou conta de que viver bem é uma arte que pode ser desenvolvida. Sem dúvidas, você vai precisar de talentos básicos para lhe servir de alicerce: o amor pela vida e uma capacidade de extrair enorme prazer de pequenas coisas, a certeza de que o mundo não lhe deve nada e de que cada presente é exatamente isso, um presente. Que as pessoas que por acaso tenham diferentes posições políticas, orientações sexuais e herança racial podem ser fontes de alegria e, se você tiver sorte, se tornar bons companheiros.

A arte de viver a vida exige uma capacidade de perdoar. Não quero dizer que você deve suportar os tolos sem reclamar, mas que deve se lembrar de suas próprias falhas e, quando encontrar outra pessoa com defeitos, não se apressar em, com um excesso de zelo, se fechar para ela para todo o sempre. Respire fundo algumas vezes e tente se imaginar sendo a pessoa que fez aquilo que levou vocês a discordarem.

Por causa das nossas rotinas, nós muitas vezes nos esquecemos de que a vida é uma aventura constante. Saímos de casa para trabalhar agindo como se, e até acreditando, que vamos chegar em nossos destinos sem que nenhum acontecimento extraordinário nos cause um sobressalto e nos obrigue a abandonar nossas expectativas. A verdade é que não sabemos nada, se nossos carros vão pifar, se nossos ônibus vão parar, se os lugares onde trabalhamos estarão lá quando chegarmos, ou, com efeito, se nós mesmos chegaremos inteiros e vivos no final das nossas jornadas. A vida é apenas aventuras e, quanto mais cedo nos dermos conta disso, mais depressa vamos poder considerá-la uma arte: levar todas as nossas energias para cada encontro, permanecer flexíveis o bastante para o que pode acontecer e admitir quando o que esperávamos não tiver acontecido. Temos de nos lembrar que somos criativos quando nascemos e podemos inventar novos roteiros com tanta frequência quanto forem necessários.

A vida parece amar quem a vive. O dinheiro e o poder só libertam quando são usados para isso. Eles podem aprisionar e inibir de maneira mais absoluta do que janelas com grades e correntes de ferro.

Quando a virtude se torna redundante

É curioso, mas nós chegamos a um lugar, a uma época, na qual a virtude não é mais considerada uma virtude. A menção da virtude é ridicularizada e nem mesmo a palavra é mais estimada. Escritores contemporâneos raramente usam palavras como *pureza, temperança, bondade, valor* ou até mesmo *moderação*. Estudantes, com exceção daqueles que estudam filosofia ou estão em seminários, quase nunca têm de responder perguntas sobre moral e piedade.

Nós precisamos examinar o que a ausência dessas qualidades fez com o nosso espírito de comunidade e aprender como resgatá-las desse lugar empoeirado pela falta de uso, retomando seu papel importante em nossas vidas.

A natureza não tolera vácuos e, como nós deixamos os detalhes positivos se esvaecer, eles foram substituídos por degeneração, indiferença e vício. Nossas ruas explodem com crueldade e criminalidade e nossas casas estão repletas de violência e abuso. Muitos dos nossos líderes se recusam a trilhar o caminho moral e escolhem aquele que vai satisfazer sua ganância enquanto discursam palavras vazias.

Tudo tem um custo, e o custo é alto. Para ganhar, pagamos em energia, esforço e disciplina. Se perdermos, pagamos em decepção, descontentamento e falta de realização.

Assim, já que um preço nos será cobrado por tudo o que fazemos ou deixamos por fazer, deveríamos ter coragem de ganhar, de recobrar as versões mais nobres, gentis e saudáveis de nós mesmos.

Eu gostaria de nos ver visitando o bom exemplo e a própria virtude com o propósito de convidá-los a voltar para nossas conversas, nossos negócios, nosso lar e nossa vida, e a residir nesses lugares como amigos queridos.

O poder da palavra

Muitas coisas continuam a me espantar, apesar de eu já ter entrado há muito na minha sexta década de vida. Fico alarmada ou desconcertada quando as pessoas chegam para mim e me dizem que são cristãos. Minha primeira reação é perguntar: "Já?" Parece-me que é um esforço de uma vida toda tentar levar a vida de um cristão. Acredito que isso também é verdade para os budistas, os muçulmanos, os jainistas, os judeus e os taoistas que tentam viver de acordo com suas crenças. Essa condição idílica não pode ser alcançada e mantida eternamente. É na própria busca que se encontra o êxtase.

Uma das minhas lembranças de Mamma, minha avó, é um vislumbre de uma mulher alta cuja pele negra tinha um tom que se assemelhava à cor de canela e uma voz suave e grave, flutuando a milhares de metros do chão sem se apoiar em nada visível. Essa visão incrível era resultado de algo que minha imaginação conseguia fazer todas as vezes que Mamma se empertigava, mostrando o 1,80 metro que tinha, unia as mãos às costas, olhava o céu distante e dizia: "Vou dar um passo de fé com a palavra de Deus."

A depressão, que foi difícil para todos, e principalmente para uma mulher negra sozinha do sul dos Estados Unidos que cuidava do filho com deficiência e de dois netos, a levava a fazer essa afirmação de fé com frequência.

Ela olhava para cima como se fosse conseguir subir aos céus graças à própria força de vontade, e dizia para sua família, especificamente, e para o mundo em geral: "Vou dar um passo de fé com a palavra de Deus. Vou dar um passo de fé com a palavra de Deus." Eu imediatamente conseguia vê-la ser lançada no espaço, com luas nos pés, estrelas na cabeça e cometas girando ao redor. Naturalmente, como Mamma dava um passo de fé com a palavra de Deus e tinha mais de 1,80 metro, para mim não era difícil ter fé. Eu cresci sabendo que a palavra de Deus tinha poder.

Quando estava com pouco mais de vinte anos em São Francisco, me tornei uma mulher sofisticada e uma agnóstica atuante. Não era que tinha parado de acreditar em Deus; só que Deus não parecia estar nos bairros que eu frequentava. E então, um professor de dicção me apresentou ao livro *Lições sobre a verdade*, publicado pela Igreja da Unidade.

Certo dia, esse professor, Frederick Wilkerson, me pediu para ler para ele. Eu tinha 24 anos e era muito erudita, conhecia bem o mundo. Ele pediu que eu lesse o *Lições sobre a verdade*, uma seção que terminava com essas palavras: "Deus me ama." Eu li a parte, fechei o livro e o professor disse:

— Leia mais uma vez.

Eu abri o livro devagar e li sarcasticamente:

— Deus me ama.

Ele disse:

— Mais uma vez.

Após mais ou menos sete repetições, comecei a sentir que poderia haver alguma verdade naquela afirmação, que havia uma possibilidade de que Deus realmente me amasse. A mim, Maya Angelou. De repente, comecei a chorar diante da grandiosidade de tudo. Sabia que, se Deus me amasse, eu poderia fazer coisas maravilhosas, experimentar coisas grandiosas, aprender qualquer coisa, realizar qualquer coisa. Pois o que poderia fazer frente a mim e a Deus, se uma pessoa, qualquer pessoa, estando com Deus, forma maioria?

Saber disso me torna mais humilde, derrete os meus ossos, fecha meus ouvidos e faz meus dentes chacoalharem nas gengivas. E também me liberta. Eu sou um enorme pássaro alçando voo sobre altas montanhas, mergulhando em serenos vales. Sou pequenas ondas em mares prateados. Sou uma folha de primavera tremendo de expectativa.

Mais novas direções

Algumas pessoas que vivem de maneira parcimoniosa do pior lado da montanha se sentem ameaçadas por aquelas que também vivem nas sombras, mas celebram a luz.

Parece mais fácil permanecer deitado do que investir contra a lei da gravidade, erguer o corpo sobre os pés e insistir em permanecer em uma posição vertical.

Há muitos incidentes que podem eviscerar os robustos e derrotar os poderosos. Para sobreviver, as almas vastas precisam de refrescos e lembranças diárias de que têm o direito de existir, e de ser o que quer que descubram ser.

Eu fui demitida de um emprego quando tinha 16 anos de idade e fiquei arrasada. Toda a minha noção de valor pessoal foi destroçada. Minha mãe me viu chorando no meu quarto no andar de cima (eu tinha deixado a porta aberta, na esperança de ser consolada).

Ela bateu de leve na porta e entrou. Quando perguntou por que eu estava chorando, contei o que tinha acontecido.

Seu rosto subitamente foi iluminado por um sorriso indulgente. Ela se sentou na minha cama e me tomou nos braços.

— Demitida? Demitida? — perguntou, rindo. — Mas o que é isso? Nada. Amanhã, você vai procurar outro emprego. Só.

Minha mãe secou minhas lágrimas com o lenço.

— Lembre-se de que estava procurando um emprego quando achou esse que acabou de perder. Então, você vai só procurar emprego de novo.

Ela riu de sua sabedoria e da minha consternação juvenil.

— E pense só, se você um dia for demitida de novo, o patrão não vai ser mais o primeiro. Você já vai ter passado por isso uma vez, e sobrevivido.

Minha mãe, a falecida Vivian Baxter, se aposentou da Marinha Mercante como membro do Sindicato dos Cozinheiros e Garçons da Marinha. Exercia a prática de sair da estrada esperada e abrir um caminho novo sempre que sentia vontade. Foi minha inspiração para escrever o poema "Sra. V. B.".

Barcos?
Claro que sei navegar.
Mostre-me o barco,
E, se flutuar,
Eu navego.

Homens?
Sim, posso amar.
Se tiverem a manha,
De um sorriso ganhar,
Eu amo.

A vida?
Claro que vou levar.
Basta eu respirar,
Até a morte chegar,
E eu vivo.

Fracasso?
Vou já confessar,
Nem sei soletrar.
Fracasso, não.

Reclamar

Quando minha avó estava me criando na cidade de Stamps, no Arkansas, ela tinha um procedimento padrão para quando resmungões entravam em sua loja. Sempre que via alguém conhecido por reclamar se aproximando, me mandava parar o que quer que estivesse fazendo e dizia, com um ar conspiratório:

— Irmã,[1] entre aqui. Entre.

É lógico que eu obedecia.

Minha avó perguntava ao cliente:

— Como você está, irmão Thomas?

---

[1] A avó de Maya Angelou, que ela chamava de Mamma, a chamava de irmã. O motivo é explicado no ensaio "Vozes do respeito", incluído neste livro. (N. T.)

E a pessoa respondia:

— Não muito bem — respondeu o outro, com um tom reclamão bem audível. — Não estou muito bem hoje, irmã Henderson. É o verão, sabe? Esse calor. Eu detesto. Ah, como detesto. Ele me deixa muito agastado. Como eu odeio esse calor. É mesmo de matar.

Minha avó ficava parada de pé, estoica, com os braços cruzados e murmurando:

— An-han, an-han.

E ela me olhava de soslaio, para ter certeza de que eu estava escutando a lamentação.

Em outra ocasião, um resmungão se lamuriava, dizendo:

— Eu detesto arar. Aquela terra batida é teimosa, e as mulas são de doer... E como são. É de matar. Parece que não acaba nunca. Estou com os pés e as mãos doendo e cheio de terra nos olhos e no nariz. Não suporto.

E minha avó, de novo estoica, com os braços cruzados, dizia:

— An-han, an-han.

E me olhava, balançando a cabeça.

Assim que o reclamão saía da loja, minha avó me mandava ficar de pé na frente dela. E então dizia a mesma coisa que já tinha dito pelo menos mil vezes, pelo que me parecia.

— Irmã, você ouviu sobre o que o irmão Fulano ou a irmã Cheia de Coisa estava reclamando? Ouviu?

Eu assentia e Mamma continuava:

— Irmã, teve gente que foi dormir no mundo todo ontem à noite, pobre, rico, branco, preto, mas que nunca mais vai acordar. Irmã, aqueles que esperavam se levantar não levantaram, suas camas viraram seus caixões e seus lençóis viraram suas mortalhas. E esses mortos dariam qualquer coisa, qualquer coisa mesmo, por mais cinco minutos neste calor ou dez minutos para arar a terra igual àquela pessoa que estava resmungando. Por isso, cuidado com as suas reclamações, irmã. Quando a gente não gosta de alguma coisa, tem que mudar. E, se não der para mudar, mudar o jeito de pensar sobre a coisa. Reclamar, não.

Dizem que as pessoas têm poucos momentos na vida em que realmente aprendem alguma coisa. A Mamma parece ter me agarrado em todos os que eu tive entre os três e os 13 anos. Resmungar não apenas é deselegante, como pode ser perigoso. Pode avisar a um brutamontes que há uma vítima por perto.

Na hora da colheita

A vida possui um princípio imutável contra o qual muitas pessoas vão lutar.

Embora a cada estação a natureza prove que, se a planta vier a florescer e der frutos, ela dará mais daquilo que já é, alguns parecem ter a certeza de que, se plantarem sementes de tomate, na hora da colheita terão cebolas.

Tantas vezes que admiti-lo me causa constrangimento, já que eu esperei colher o bem quando sabia que havia plantado o mal. Minha desculpa esfarrapada é que nem sempre soube que as ações só podem reproduzir a elas mesmas, ou melhor, nem sempre me permiti ter consciência de que sabia disso. Agora, após anos de observação e coragem o suficiente para admitir o que observei, tento plantar paz se não quiser desavença; plantar lealdade e honestidade se quiser evitar traições e mentiras.

É óbvio que não há garantia absoluta de que essas coisas que planto cairão sobre solo arável, criarão raízes e crescerão, e tampouco sei se outro cultivador não plantou as sementes opostas antes da minha chegada. Mas sei que, se deixar pouco ao acaso, se tiver cuidado com os tipos de sementes que plantar, com sua potência e natureza, posso, dentro dos limites do bom senso, ter confiança nas minhas expectativas.

Encorajamento sensorial

Nós éramos jovens e esbeltos. Nossa pele negra brilhava graças a doses generosas de óleo de bebê e maquiagem da marca Max Factor. Alvin Ailey e eu éramos estudantes apaixonados de dança moderna e, sempre que podíamos, nos apresentávamos como a dupla de dança Al & Rita. Quem mais nos contratava eram as secretas e misteriosas organizações de pessoas negras. Quando os Elks, os Maçons e a Ordem da Estrela do Oriente davam festas, nelas sempre havia pequenas bandas, cantores especializados em músicas de dor de cotovelo e dançarinos sensuais para entreter os sócios.

Além da maquiagem, Alvin usava uma tanga fio--dental com estampado de leopardo e eu usava um traje feito em casa que consistia em poucas plumas e pouquíssimas lantejoulas. Nós dançávamos ao som de "Caravan", de Duke Ellington. Alvin tinha coreografado o nosso número. Ele, o Paxá, contava os quatro primeiros compassos da música e pulava no palco iluminado. Eu, a dançarina do Paxá, esperava no escuro da coxia enquanto Alvin mostrava qual seria o tom da apresentação.

Inevitavelmente, sentia mãos de mulheres sobre o meu corpo. Três ou quatro passavam os dedos pelas minhas costas, davam tapinhas na minha bunda, faziam carinho nos meus braços. E isso sempre era acompanhado pelos seus sussurros.

— Isso mesmo, meu bem. Você é bonita. Vai lá e sacode bem.

— Quando eu era nova, costumava sacodir tudo. Tudo mesmo.

— Vai lá, meu amor. Entra no palco e deixa aquele rapaz maluco.

Encorajada dessa maneira, eu mal aguentava esperar pela minha deixa e, quando ela vinha, explodia no palco e tentava me sacudir até cair.

Ao relembrar isso, me dou conta de que as carícias daquelas mulheres eram sensoriais, não sexuais. Porque elas me encorajavam, participavam da dança comigo. Pois, como tinham se divertido quando eram jovens, não sentiam inveja da minha juventude.

Muitos adultos são impacientes com os jovens. Querem não apenas que eles cresçam, mas que envelheçam, e imediatamente. Gostam muito de ralhar, criticar e admoestar:

— Para de falar.

— Senta.

— Por que você se mexe tanto?

— Fica quieto.

Seja conscientemente ou não, essas admoestações vêm de uma vigorosa insatisfação com a vida e da saudade de uma juventude desperdiçada.

Vozes do respeito

Os afro-americanos, quando eram indivíduos escravizados, não podiam nem afirmar terem ganhado os nomes que lhes tinham sido dados às pressas e sem nenhum cuidado, mas possuíam orgulhosamente uma qualidade que atenuava a barbárie de suas vidas. Eles acordavam antes de o sol nascer para estar nos campos quando o dia raiasse e voltavam penosamente para suas cabanas sem assoalho em meio à melancolia do fim de tarde. Tinham poucas oportunidades de trocar palavras amigáveis entre as fileiras de algodão e os pés de cana; mesmo assim, criaram maneiras de manter suas almas robustas e seus espíritos vivos naquela atmosfera terrível. Usavam termos familiares para falarem uns aos outros. Era provável que o dono de pessoas escravizadas e o capataz usassem apenas a linguagem mais cruel possível para falar com eles. Mas, na sociedade dos escravizados, Mariah se tornava tia Mariah e Joe se tornava tio Joe. As meninas eram chamadas de irmã, irmãzinha ou mana. Os meninos, de irmão, irmãozinho, mano e maninho. É verdade que esses termos, usados em todas as comunidades de escravizados, tinham suas raízes nos mundos africanos de onde esses indivíduos haviam sido arrancados, mas, na senzala, eles adquiriram um maior significado e um impacto mais forte. Assim como em todas as sociedades, determinados tons de voz eram e ainda são usados para estabelecer a qualidade da comunicação entre quem fala e a quem se dirige. Quando os afro-americanos decidem ser doces ao falar uns com os outros, não apenas o registro das vozes se torna mais grave, como, inconscientemente, surge uma musicalidade maior entre os falantes. Na verdade, uma conversa entre dois amigos pode ser tão melodiosa quanto uma canção.

Nós usamos esses termos para nos ajudar a sobreviver à escravidão, às consequências da escravidão e à crise atual de racismo renovado. No entanto, agora, quando há muitas crianças sem rumo nesta terra, e que precisamos mais do que nunca da cortesia, e quando um pouco de ternura entre as pessoas poderia tornar a vida mais suportável, estamos perdendo até mesmo a aparência de polidez. Nossos jovens, encontrando pouca ou nenhuma cortesia em casa, saem para as ruas repletos de uma violenta aversão por si próprios e uma explosiva vulgaridade.

Precisamos recriar um comportamento atraente e carinhoso nos nossos lares e no nosso mundo. Para nossas crianças aprovarem a si mesmas, elas precisam ver que nós aprovamos a nós mesmos. Se persistirmos em nos desrespeitarmos e depois pedirmos que nossas crianças se respeitem, será como se houvéssemos quebrado todos os seus ossos e depois insistido que ganhassem medalhas de ouro olímpicas na corrida de cem metros.

É um ultraje.

Aumentando os limites

O Terry's Pub era o meu bar, e era o lugar que todos os negros estilosos de Nova York frequentavam. Os barmen eram exemplos de elegância urbana, fazendo e servindo drinques com agilidade e participando de conversas que tratavam de temas diversos que iam desde se a China devia ou não poder entrar para a ONU até o comprimento correto de uma microminissaia.

Os clientes regulares eram escritores, modelos, diretores de escolas, atores, jornalistas, atores de cinema, músicos e professores universitários.

Certa tarde, entrei no Terry's e me vi rodeada de pessoas simpáticas que começaram a me dar os parabéns bem alto, com largos sorrisos.

O barman me mostrou o *New York Post* e depois me deu um enorme martíni. Eu tinha sido escolhida a "Pessoa da Semana" pelo jornal. Os clientes regulares suspenderam seu ar blasé usual e me cumprimentaram com entusiasmo, ao que eu respondi com igual ardor.

Aos poucos, aqueles que tinham vindo brindar comigo voltaram para suas mesas e eu pude ir ficando melancólica em silêncio. Um mau humor e uma embriaguez crescente devido a martínis demais foram tornando o ambiente e o meu ânimo mais sombrios.

Ali, no meu momento de triunfo, eu estava sozinha. O que tinha feito a qualquer homem para fazê-lo querer me deixar ou, ainda pior, nem querer me ganhar?

As perguntas surgiram com a ordem de uma falange militar. Cada uma marchou para a minha consciência, foi reconhecida e deu lugar à seguinte. Eu pedi mais um martíni e resolvi respondê-las sobriamente. Tinha 41 anos de idade, era esguia, alta e, muitas vezes, as pessoas me davam cerca de trinta anos. Ninguém nunca tinha me chamado de linda, a não ser um africanista ou outro que me disse que eu parecia uma estátua africana. Como eu já tinha visto muitas esculturas em madeira dos iorubás e dos fons, não fui levada a acreditar que fosse outra coisa além de bastante feia. Eu me vestia de maneira impressionante e andava ereta, com a cabeça firme sobre os ombros, de modo que algumas pessoas gentis diziam: "Ela é bonitona."

Mas ali estava eu, entre um caso amoroso e outro, sozinha. Como muitas mulheres, via a ausência de um relacionamento romântico como um estigma que mostrava que eu era impossível de amar.

Continuei sentada diante do balcão, resmungando sobre as minhas falhas e bebendo, no mínimo, o quinto martíni, quando meus olhos errantes pousaram sobre uma mesa. Sentados perto da janela estavam cinco jornalistas negros jovens e inteligentes, desfrutando da companhia uns dos outros. Eles estiveram entre as pessoas que haviam me cercado mais cedo, quando o dia estava alegre, meu presente, glorioso e meu futuro, garantido. Mas também tinham se afastado, voltado para o conforto de sua própria mesa.

Uma lágrima escorreu pelo meu rosto. Chamei o barman para pagar a minha conta, mas ele me informou que ela já tinha sido acertada por uma pessoa anônima. Com essa declaração de gentileza diante de mim e aqueles pensamentos de autopiedade para trás, peguei minha bolsa e, descendo do banquinho, rumei cuidadosamente na direção da mesa dos jornalistas. Os homens ergueram os rostos, viram o quanto eu estava bêbada e ficaram alarmados e retraídos.

Peguei uma cadeira de outra mesa e perguntei:

— Vocês se incomodam se eu me sentar aqui?

Sentei, olhei para cada homem por um bom tempo e então dei início a uma performance que mesmo agora, mais de vinte anos depois, me faz considerar seriamente a ideia de mudar de nome e de país.

Perguntei para a mesa toda:

— O que tem de errado comigo? Sei que não sou bonita, mas não sou a mulher mais feia do mundo. E, se fosse, mesmo assim ia merecer ter um homem só meu.

Comecei a listar minhas virtudes:

— Minha casa é muito bem arrumada; tem mesas polidas e flores frescas, mesmo que sejam só margaridas, pelo menos uma vez por semana. Sou uma excelente cozinheira. Consigo cuidar da minha casa e trabalhar para fora sem desmaiar de cansaço. Gosto de sexo e tenho um apetite sexual que acredito ser normal. Sei falar francês e espanhol, um pouco de árabe e de fanti, e leio todos os jornais e periódicos e um livro por semana, de modo que posso ter uma conversa inteligente com vocês. E nada disso lhes parece interessante?

Ergui a voz.

— Querem me dizer que isso não basta para vocês?

Os homens ficaram constrangidos e depois com raiva de si mesmos por estarem constrangidos. E com raiva de mim por ter trazido aquelas perguntas inflexíveis, bêbadas e embaraçosas para sua mesa.

Num segundo, percebi que tinha feito exatamente o que eles temiam de mim. Tinha violado as regras tácitas que, eu sabia, devia ter respeitado. Em vez de fazer isso, fui de maneira ousada e descarada até aquela mesa falar de — imagine só — solidão.

Quando percebi que estava bêbada, comecei a chorar. Um conhecido que estava no balcão veio andando até nossa mesa silenciosa. Ele cumprimentou os homens e perguntou:

— Maya, minha irmã, posso levar você em casa?

Eu olhei para o rosto de pele negra retinta dele e comecei a me recuperar. Sua presença pareceu me deixar um pouco mais sóbria. Encontrei um lenço na bolsa e, sem me apressar, enxuguei o rosto. Levantei-me e me afastei da mesa. Disse:

— Adeus, cavalheiros.

E peguei a mão do meu salvador. Nós saímos do bar.

O longo quarteirão até em casa ficou mais longo devido aos sons de desaprovação do meu acompanhante. Ele estalou a língua e murmurou:

— Você não devia beber martíni. Ainda mais sozinha.

Não tive força de vontade o bastante para lembrar a ele que achei que estava com amigos.

Meu acompanhante continuou:

— Você atrai as pessoas e depois afasta.

Com certeza não tive de me esforçar para afastar aqueles jornalistas.

— Você dá esse sorrisão e age como se estivesse só esperando um homem lhe tomar nos braços, mas depois fica gelada como um iceberg... As pessoas não sabem como levar você.

Não deviam saber. Eu não tinha sido levada.

Nós chegamos no meu apartamento e dei para o meu acompanhante o sorriso mais doce e mais breve possível, entrei e fechei a porta.

Entrei num estado de profunda concentração que durou até depois de eu ter ficado sóbria.

No fim dessa reflexão, entendi que estava procurando o amor, mas apenas sob condições específicas. Estava procurando um companheiro, mas ele tinha de ser de uma cor específica, ter um intelecto específico. Eu tinha padrões. Era possível que esses padrões eliminassem diversas possibilidades.

Tinha me casado com um homem grego quando era muito jovem, e o casamento acabara mal, de modo que eu não pensara conscientemente em aceitar investidas de quem não era da minha raça. O motivo real, ou, acredito, um outro motivo para eu não incluir quem não era afro-americano na minha área de interesse era saber que, se era difícil sustentar um caso de amor entre duas pessoas que tinham passado a infância na mesma vizinhança, que se pareciam fisicamente e cujos pais tinham frequentado a mesma igreja, então seria muito mais difícil entre pessoas de raças diferentes com tão poucas coisas em comum.

No entanto, durante aquela tarde e aquela noite, eu cheguei à conclusão de que, se surgisse um homem que me parecesse honesto e sincero, que quisesse me fazer rir e conseguisse, que tivesse um espírito alegre — se esse homem aparecesse e tivesse respeito por outros seres humanos, então, mesmo que fosse sueco, africano ou um lutador de sumô japonês, eu lhe daria minha atenção e não me debateria muito se ele me pegasse na rede dos seus encantos.

A brutalidade definitivamente não é aceitável

Certas expressões me agitam e me alarmam. Quero dizer que, quando as ouço, reajo como se tivesse sentido cheiro de gás em um cômodo fechado. Sem nem pensar, e se não estiver rodeada por todos os lados, eu me dirijo para a saída mais conveniente. No entanto, se não conseguir escapar, reajo de maneira defensiva.

"Não se incomode comigo, eu sou brutalmente franca." Isso é sempre um chamado às armas.

Eu reconheço a sádica tímida que gostaria de atirar uma pedra e esconder a mão, ou melhor, que gostaria não apenas de ferir, como de ser perdoada pela pessoa prestes a ser magoada antes mesmo de a mágoa ter lugar.

Mas me incomodo com a brutalidade em quaisquer de seus disfarces, e não serei levada a aceitá-la apenas porque o brutamontes me pede que o faça.

"Não me leve a mal..." é outra expressão que faz soar um alarme em mim.

Sinto que um ataque pusilânime está se aproximando e, por isso, se não puder escapar, explico sem rodeios que, se houver a menor chance de eu interpretar mal aquela declaração, pode ter certeza de que o farei. Aconselho quem se dirigiu a mim que será melhor ficar calado do que tentar catar os seus cacos, que tenho a intenção de deixar espalhados no chão.

Nunca me orgulho de tomar parte em algo violento, mas cada um de nós precisa se importar o bastante consigo mesmo para estar sempre pronto a sair em autodefesa.

Nossos rapazes

A peste do racismo é insidiosa e entra nas nossas mentes de maneira tão ágil, silenciosa e invisível como micróbios que flutuam pelo ar entram nos nossos corpos e se imiscuem pelo resto da vida na nossa corrente sanguínea.

Aí vai uma historinha tenebrosa que expõe a dor generalizada do racismo. Eu escrevi dez programas de televisão de uma hora de duração de uma série chamada *Blacks, Blues, Black!*, que mostrava africanismos ainda presentes no dia a dia estadunidense. A série foi produzida em São Francisco pela KQED.

O episódio chamado "O impacto da arte africana na arte ocidental" foi o quarto da série. Nele, planejei mostrar o impacto que esculturas africanas tiveram sobre a arte de

Picasso, Modigliani, Paul Klee e Rouault. Fiquei sabendo que um colecionador de Berkeley possuía muitas esculturas dos macondes do leste da África. Entrei em contato com o colecionador, que me permitiu selecionar trinta obras de arte. Quando elas foram colocadas sobre pedestais iluminados, as sombras das esculturas se projetaram no chão, e nós as fotografamos de modo que formassem uma sequência. O colecionador e sua esposa ficaram tão satisfeitos com o resultado que, no meu jantar de despedida, me deram uma escultura como lembrança. Eles eram brancos, mais velhos, divertidos e capazes de se divertir. Eu sabia que, se morasse naquela área, nós íamos nos encontrar socialmente.

Voltei para Nova York, porém, três anos mais tarde, retornei a Berkeley para lá morar. Telefonei para o colecionador e informei-lhe da minha mudança. Ele disse:

— Que bom que você ligou. Li sobre sua volta no jornal. Precisamos nos encontrar.

E continuou:

— Você sabe que sou o presidente regional do Conselho Nacional de Cristãos e Judeus. Mas não sabe o que estamos fazendo desde que nos falamos pela última vez. Estive na Alemanha, tentando melhorar as condições dos soldados estadunidenses.

Sua voz estava carregada de emoção. Ele prosseguiu:

— Você deve saber que os soldados negros estão numa situação horrível lá, e está sendo difícil para os nossos rapazes também.

— O que você disse? — perguntei.

— Eu disse que a situação está particularmente dura para os soldados negros, mas está ruim para os nossos rapazes também.

— Poderia repetir?

— Eu disse que...

Então, a mente do homem lhe mostrou sua afirmação, ou ele ouviu de novo o eco de seu engano reverberando no ar.

— Ah, meu Deus, cometi um erro tão estúpido, e estou falando com a Maya Angelou — disse ele. — Estou tão envergonhado que vou desligar.

— Por favor, não desligue — pedi. — Por favor. Esse incidente só mostra como o racismo é insidioso. Por favor, vamos falar sobre ele.

Dava para ouvir o constrangimento, a hesitação e a mortificação na voz do homem. Finalmente, após três ou quatro minutos, ele conseguiu desligar. Eu lhe telefonei três vezes, mas ele nunca me ligou de volta.

Aquele incidente me deixou triste e cansada. Aquele homem, sua família e seus amigos ficaram menores por não ter conhecido bem a mim, minha família e meus amigos. E isso também significava que eu, minha família e os meus amigos tínhamos ficado menores por não o termos conhecido bem. Como nunca tivemos a oportunidade de conversar, de ensinar uns aos outros e aprender uns com os outros, o racismo diminuíra todas as vidas que tocara.

Está na hora de os pastores, os rabinos, os padres, os poderosos e os professores acreditarem na força assombrosa da diversidade, para que possam ensinar isso àqueles que os seguem. Está na hora de os pais ensinarem aos jovens bem cedo que na diversidade há beleza e há força. Nós todos deveríamos saber que a diversidade forma uma rica tapeçaria, e precisamos compreender que todos os fios da tapeçaria têm valor igual, independentemente da cor; têm importância igual, independentemente da textura.

É preciso ensinar aos nossos jovens que peculiaridades raciais de fato existem, mas que, para além da pele, para além das feições diferenciadoras, e que no coração verdadeiro do ser, fundamentalmente, nós somos mais parecidos, meu amigo, do que diferentes.

Gêmeos idênticos são diferentes,
Embora tenham feições iguais,
E amantes pensam diferente,
Deitados lado a lado.

Nós amamos e perdemos na China,
Choramos nos urzais da Inglaterra,
Rimos e gememos na Guiné,
E desabrochamos em praias espanholas.

Buscamos o sucesso na Finlândia,
Nascemos e morremos no Maine.

Somos diferentes nos detalhes.
Mas somos os mesmos nas coisas maiores.

Eu percebo as diferenças óbvias,
Entre cada um dos tipos
Mas nós somos mais parecidos, meus amigos,
Do que diferentes.

Nós somos mais parecidos, meus amigos,
Do que diferentes.
Nós somos mais parecidos, meus amigos,
Do que diferentes.[1]

---

[1] Trecho do poema "Human family" [Família humana], da própria autora. (N. T.)

Ciúmes

Um namorado ciumento pode ser um pouco divertido. Na verdade, o ciúme que fica evidente num cômodo cheio de pessoas pode ser um intoxicante absoluto para todos, incluindo os namorados. No entanto, é preciso lembrar que o ciúme no amor é como o sal na comida. Um pouco pode realçar o sabor, mas, em excesso, pode estragar o prazer e, em certas circunstâncias, ameaçar a vida.

Gravidez planejada

A mulher que tem a sorte de planejar uma gravidez também tem a oportunidade de experimentar raros prazeres. Ela pode participar conscientemente da evolução do próprio corpo, da fecundidade até a etapa final da produção, o parto de um filho. Durante todo esse período, se permanecer atenta, ela vai se maravilhar com o surgimento de sensações novas e deliciosas.

A mulher deve preparar sua mente com cuidado para poder desfrutar da parturição. Ela vai passar algum tempo apreciando seu corpo antes da concepção. Sabendo que sua aparência mudará drasticamente, ela e o parceiro vão passar um tempo considerável examinando seus seios, batatas das pernas, braços e barriga.

Ela vai tirar fotos para os meses seguintes, que parecerão durar anos. Quando sua barriga ficar tão grande que seus pés não poderão ser mais vistos, os retratos de seus dias esbeltos terão o valor de joias raras.

Se a mulher e seu parceiro não considerarem a gravidez uma ocorrência comum só porque acontece o tempo todo, se eles forem persistentemente imaginativos, cada etapa lhes dará uma satisfação extasiante.

Um dia longe

Nós muitas vezes pensamos que os nossos problemas, tanto os pequenos quanto os grandes, terão de ser resolvidos de maneira contínua e detalhada, ou o nosso mundo vai se desintegrar e nós perderemos nosso lugar no universo. Isso não é verdade, ou, se for verdade, nossas situações eram tão temporárias que iriam entrar em colapso de qualquer maneira.

Cerca de uma vez por ano, eu me dou um dia longe. Na véspera do meu dia de ausência, começo a desfazer os laços que me prendem. Informo meus companheiros de casa, minha família e meus amigos próximos que eles não poderão entrar em contato comigo durante 24 horas. Depois, tiro o telefone do gancho. Coloco o rádio em uma estação que só toque música, de preferência uma que toque as preciosas e reconfortantes canções de outrora. Tomo um banho bem quente de banheira durante pelo menos uma hora. Escolho minhas roupas para me preparar para a escapulida da manhã seguinte e, sabendo que nada vai me perturbar, durmo o sono dos justos.

De manhã, acordo naturalmente, pois não uso nenhum despertador nem informo o relógio do meu corpo acerca de que horas ele deve se alarmar. Coloco sapatos confortáveis e roupas casuais e saio da minha casa, rumo a lugar algum. Se estiver vivendo numa cidade, vagueio pelas ruas, olho as vitrines ou observo os prédios. Entro e saio de parques, bibliotecas, saguões de arranha-céus e salas de cinema. Não permaneço em nenhum lugar durante muito tempo.

No dia da fuga, eu busco a amnésia. Não quero saber meu nome, onde moro, ou quantas responsabilidades sérias tenho sobre os ombros. Não suporto nem a ideia de encontrar até mesmo o amigo mais querido, pois então me lembro de quem sou e das circunstâncias da minha vida, que desejo esquecer durante algum tempo.

Toda pessoa deve passar um dia longe. Um dia em que vai separar conscientemente o passado do futuro. Empregos, amantes, parentes, patrões e amigos conseguem existir por um dia sem qualquer um de nós e, se nosso ego nos permitir confessá-lo, poderiam existir eternamente na nossa ausência.

Cada pessoa merece um dia no qual nenhum problema é enfrentado, nenhuma solução é procurada. Cada um de nós precisa se afastar das inquietações que não se afastam de nós. Precisamos de horas para vagar sem rumo, ou períodos de tempo sentados em bancos de parques, observando o mundo misterioso das formigas e o dossel formado pelas copas das árvores.

Se nos afastarmos por algum tempo, não estaremos, como muitos talvez pensem e alguns dirão, sendo irresponsáveis, mas nos preparando para cumprir melhor os nossos deveres e as nossas obrigações.

Quando eu volto para casa, sempre fico surpresa ao descobrir que algumas perguntas das quais procurei me evadir foram respondidas e que alguns embaraços dos quais esperei fugir tinham se desemaranhado na minha ausência.

Um dia longe age como um tônico de ervas da primavera. Consegue dissipar o rancor, transformar a indecisão e renovar o espírito.

Direção editorial
Daniele Cajueiro

Editora responsável
Ana Carla Sousa

Produção editorial
Adriana Torres
Laiane Flores
Daniel Dargains

Revisão de tradução
Mariana Gonçalves

Revisão
Anna Beatriz Seilhe

Projeto gráfico de miolo
Alfredo Loureiro

Diagramação
Ranna Studio

Este livro foi impresso em 2023,
pela Corprint, para a Nova Fronteira.